ORGANISATION FINANCIÈRE

DE

LA RÉPUBLIQUE,

Par M. Edélestand DU MÉRIL.

GUILLAUMIN, RUE RICHELIEU, 14, ET FRANCK,
RUE RICHELIEU, 69.

1848.

Les faits ont perdu tous leurs droits ; le vingt-quatre Février a clos, au nom du Peuple, le bilan du passé, et l'on ne reconnaît plus que la légitimité des idées. L'utopie, à qui la loi défendait, hier encore, d'occuper la pensée de ses plus innocentes rêveries, s'est emparée en souveraine du pays et le pétrit à sa guise. C'est une ère nouvelle qui commence, une ère où tout est changé par la base : les intérêts, les idées, les droits, les devoirs et jusqu'aux conditions de l'histoire. Depuis vingt ans, les esprits qui ne s'accroupissaient point dans le marasme du bien-être égoïste, voyaient poindre à l'avenir le plus redoutable problème que l'humanité ait jamais porté dans ses flancs ; non pas seulement, ainsi qu'affectent de le dire les publicains de la science sociale, l'amélioration du sort de la classe ouvrière, mais son élévation morale au niveau des autres. Ce problème, qu'on n'apercevait qu'à travers les vapeurs de l'horizon, est devenu l'instante question du moment, et malheur à nous tous, si elle n'est pas résolue ! A la porte de nos fabriques et de nos châteaux, il y a, comme jadis sur les roches arides du Cythéron, un monstre à face humaine, qui, la griffe ouverte et la bouche béante, attend impatiemment sa proie : et ce monstre, qui dévorerait demain le gouvernement quel qu'il fût et la société elle-même, c'est la misère de nos semblables. Longtemps avant cette heure fatale, nous cherchions déjà une réponse avec toutes les angoisses de l'intelligence et du cœur. Voilà treize ans passés, nous demandions dans notre *Philosophie du budget* que l'individualisme abdiquât sa liberté désordonnée entre les mains de la raison sociale, que les travaux publics fussent un bienfait pour le pays et non son indécente exploitation au profit de spéculateurs cosmopolites ; nous demandions que l'Etat intervînt à l'amiable dans la direction de l'industrie, qu'il mît des instruments de travail à la portée de tous les bras capables de s'en servir, et qu'au lieu de déprimer la moralité de la classe indigente par d'avilissantes aumônes, il en relevât la fortune par des institutions encore plus morales que vraiment charitables. Ces idées, que le patronage officiel du Gouvernement vient d'admettre aux honneurs de la séance au Luxembourg, peut-être avons-nous été le premier à en saisir l'opinion publique. Mais, dans leur stupide optimisme, les puissants du jour tenaient tout ce qui dérangeait l'immobilité du statu-quo pour les rêves d'une théorie inapplicable ; ils ont détourné la tête avec dédain et, la main sur leur portefeuille, se sont endormis, sur le bord de l'abîme, du sommeil de la béatitude. Nous l'avouons avec humilité, le fusil ne nous semble pas la dernière expression des idées ; nous croyons trop fermement aux bienfaits du temps et aux droits de la pensée pour vouloir emporter les convictions à la baïonnette et monter, au nom de nos opinions, à l'assaut du pouvoir légal. Toute violence produit du désordre, et tout désordre de la souffrance et du malheur. C'est peut-être là une bien petite morale ; mais, dans l'aventureuse espérance d'améliorer la condition des générations qui n'existent pas encore, notre conscience se refuse à infliger à nos contemporains l'anarchie et la ruine. L'âme pleine d'appréhensions et d'une amère pitié pour ces élus de la fatalité, qui s'imaginaient remplir les fonctions du pouvoir en paradant sous ses insignes dans une mascarade richement salariée, nous nous sommes assis sur le bord du chemin, la tête tournée vers le but que nous désespérions d'atteindre. Dans un de ces jours providentiels où se pèse la destinée du monde, le Peuple s'est levé enfin, frémissant d'une juste impatience, au cri de Réforme! Et voilà que nous reprenons notre route en avant, ne craignant plus, hélas! d'ébranler le sol et de faire rouler les ruines sous nos pas: la réforme a débuté par la mise à néant du passé. Aujourd'hui donc, aucun intérêt matériel ne repousse les idées par une fin de non-recevoir; les obstacles sont des décombres dont le tombereau qui passe va débarrasser la voie: toutes les théories sont admises à discussion, pour peu qu'elles ne tourbillonnent point dans l'air comme une fantaisie de poëte, et formulent leurs voies et moyens avec la rigueur d'un économiste. Telle est la cause du projet d'organisation financière que nous soumettons au public; nous eussions dit son excuse si, en l'écrivant, nous n'avions pas eu dans la pensée le respect de tous les droits et dans le cœur l'amour de tous nos frères.

DÉCLARATION DE PRINCIPES.

La société existe pour la moralité et le bien-être de tous ses membres.

L'Etat est organisé pour atteindre ce double but ; son pouvoir n'est limité que par ses devoirs.

La famille doit l'éducation à tous ses membres (1).

La commune doit l'instruction et du pain à tous ses habitants.

L'État doit à tous les citoyens les bienfaits de la religion, l'ordre public et du travail.

Du développement et des dépenses de l'Agriculture.

1. — Chaque canton forme une commune (2) et possède par indivis toutes les anciennes propriétés communales.

2. — Il sera établi dans toutes les communes des salles d'asile, des écoles primaires gratuites et des fermes-écoles.

3. — Nul enfant n'est admis dans les salles d'asile s'il n'est

(1) L'abandon des enfants sera puni par la loi.

(2) Les trois quarts de la population habitent des communes au-dessous de trois mille âmes.

vacciné et né d'un mariage légitime, ou reconnu par un mariage subséquent.

4. — Pour être admis dans les écoles primaires, il faut avoir été vacciné et recevoir l'instruction religieuse.

5. — Les pères et mères qui négligent d'envoyer leurs enfants à l'école sont déchus du droit d'obtenir des secours de la commune.

6. — Les bourses des fermes-écoles sont données au concours : l'instruction religieuse fait partie du programme.

7. — Tous les départements établiront une ferme-modèle, où chaque commune devra entretenir au moins un maître agriculteur.

8. — Chaque préfet publie un Mémorial où sont recueillis tous les faits politiques, administratifs, agricoles et industriels qui intéressent les habitants du département.

9. — Le Mémorial paraît trois fois par semaine ; le prix en est aussi bas que possible, et il est adressé gratuitement à toutes les communes et à toutes les bibliothèques communales.

10. — Le Gouvernement publie un journal politique et littéraire qui juge toutes les idées et publie tous les faits qui intéressent le pays.

11. — Le journal officiel paraît tous les jours ; le prix en est aussi bas que possible, et il est adressé gratuitement à toutes les communes.

12. — Une bibliothèque communale est annexée à toutes les écoles ; elle est confiée à la surveillance de l'instituteur, qui ne peut, sous peine de révocation, y donner à lire que les livres approuvés par l'administration municipale.

13. — La bibliothèque est ouverte les jours fériés, après les offices religieux ; et tous les autres jours, de six à neuf heures du soir. Le catalogue en est remis à tous les lecteurs qui en font la demande.

14. — Il est ouvert à toutes les mairies un Registre où sont inscrites, par profession, toutes les offres et toutes les demandes de travail.

15. — Le Mémorial publie toutes les semaines les offres et les demandes que chaque commune n'aura pu satisfaire. Le Préfet doit s'efforcer d'y pourvoir dans son département.

16. — Le Journal officiel publie toutes les semaines un résumé par département de toutes les demandes qui seront restées en souffrance. Les Ministres de l'Agriculture et de l'Industrie sont chargés, chacun en ce qui le concerne, de rétablir le niveau du travail.

17. — La commune est tenue d'assurer la subsistance de tous ses habitants; mais elle peut exiger de ceux qui lui demandent du pain le travail que l'âge et les infirmités ne leur rendent pas impossible.

18. — Pour avoir droit aux secours d'une commune, il faut y être né ou y avoir demeuré pendant trois années consécutives.

19. — La femme acquiert par son mariage le domicile de secours de son mari; le mineur non émancipé a celui de son père ou de son tuteur.

20. — Il est délivré un passe-port gratuit à tous les habitants qui veulent changer de résidence; s'ils manquent de travail et qu'ils aient l'assurance d'en trouver ailleurs, ils ont droit à des frais de route que la commune rembourse à l'Etat.

21. — Toute personne qui veut fixer sa résidence dans une autre commune doit, dans les trois jours de son arrivée, se présenter à la mairie pour y faire la déclaration de ses moyens d'existence, et, quand ils sont suffisants, recevoir en échange de son passe-port un permis de résidence.

22. — Ce permis est provisoire, et révocable en cas de condamnation à une peine quelconque, ou d'insuffisance des moyens

d'existence ; trois ans après, il devient définitif et emporte de droit l'inscription sur les registres de la commune.

23. — Nul ne peut appartenir en même temps à plusieurs communes.

24. — Il est interdit aux logeurs, sous peine d'une amende de 10 fr. au profit de la commune, de donner à coucher plus d'une nuit à toute personne qui ne justifiera pas d'un permis de résidence.

25. — Lorsqu'un indigent est renvoyé dans sa commune, il lui est alloué des frais de route sur le budget de l'Etat.

26. — Après dix ans d'absence, la commune est déchargée de toute obligation d'assistance.

27. — Pendant la morte-saison, les ouvriers trouvent de l'ouvrage dans des ateliers de charité.

28. — Ces ateliers améliorent les voies de communication, opposent des digues au débordement des fleuves et aux envahissements de la mer (1), dessèchent les marais (2), facilitent les irrigations (3), défrichent les terres incultes (4), et reboisent les montagnes (5).

29. — Les travaux y sont entrepris d'après des plans soumis à l'approbation de l'Etat. Tous les propriétaires qui en bénéfi-

(1) Le gouvernement monarchique avait présenté en 1842 un projet sur l'endiguement qui est malheureusement resté à l'état de rapport.

(2) Dans le *Code des dessèchements* qu'il a publié en 1817, Poterlet portait les terrains que l'on peut dessécher à 432,000 hectares, mais cette évaluation était certainement fort hasardée.

(3) M. Nadault de Buffon a supposé, dans son *Traité des irrigations*, qu'elles pourraient augmenter la richesse territoriale de plus de six millards. L'administration s'en est enfin occupée ; la loi du 31 mai 1846 a distribué les eaux du plateau de Lannemezan.

(4) La statistique officielle porte encore les terres vaines et vagues à 5,676,088 hectares.

(5) On les estime à plus de 1,200,000 hectares. Sur la proposition de Coupé (de l'Oise), la Convention avait voulu s'occuper de cet objet important.

cient y contribuent pour la plus-value de leurs propriétés : l'Etat et la commune supportent par moitié l'excédant de la dépense.

30. — A défaut de la famille, l'Etat doit à tous les invalides du travail sans fortune une pension alimentaire ou un asile dans un hospice.

31. — Cette pension ne pourra être inférieure à 200 fr., et s'augmentera d'après un tarif fixé par la loi, en raison des contributions que l'invalide aura payées pendant les dix dernières années.

32. — Toutes les communes ont une caisse d'épargne tenue par le sous-préfet (1) ; les fonds déposés rapporteront un intérêt de 5 p. 100.

33. — Quand les déposants auront plus de 60 ans ou seront devenus incapables de subvenir autrement à leur subsistance, ils pourront échanger leur livret contre un titre de rente viagère.

34. — Les médecins communaux constatent les naissances (2) et les décès ; ils vaccinent les enfants et visitent les malades qui sont inscrits pour moins de 30 fr. sur les rôles de l'impôt.

35. — Ils reçoivent un traitement fixe de la commune et pourvoient, chacun, aux besoins médicaux d'une portion du territoire.

(1) Il y a dans chaque commune un maire choisi dans le conseil municipal par ses collègues ; un procureur de la République qui veille à l'exécution des lois et aux intérêts des indigents et des incapables ; un sous-préfet chargé de la direction de l'agriculture et de l'industrie, et de la perception des impôts, et un commandant militaire qui défend la paix publique et pourvoit à l'instruction de la garde nationale. Le premier est logé et salarié par la commune ; les trois autres sont payés par l'Etat et les deux derniers sont logés par le département.

(2) Au lieu de l'enfant dont la présentation à la mairie occasionne quelquefois de très-graves inconvénients et ne remplit pas toujours son but, on apportera un certificat du médecin.

36. — Le pharmacien de la commune remet gratuitement aux malades les médicaments qu'ils ont conseillés ; il est payé par le receveur municipal sur la présentation de l'ordonnance.

37. — Toute personne inscrite sur les rôles de l'impôt pour moins de 30 fr., pourra, si elle se croit lésée dans ses droits, adresser un placet au procureur de la République, qui poursuivra d'office lorsque la plainte lui semblera fondée. Dans le cas contraire, il donnera les raisons de son refus, et l'indigent pourra en appeler au procureur de la République près le tribunal du département.

38. — La commune règle le prix des objets de première nécessité en établissant elle-même des boulangeries, des boucheries (1) et des débits de la boisson du pays.

39. — Les prix en sont établis d'une manière normale, en conciliant les intérêts des consommateurs et ceux du commerce : ils sont publiés tous les mois dans le Mémorial.

40. — Tout débit sur place de boissons fermentées ou de liqueurs alcooliques est interdit.

41. — Les aubergistes et traiteurs répondent à l'autorité communale de l'ivresse qu'ils ont provoquée; ils sont passibles, pour la première fois, d'une amende de dix à cinquante francs ; en cas de récidive, leur établissement pourra être fermé.

42. — Les baux verbaux et sous seing privé ne peuvent donner ouverture à aucune action judiciaire ; leur enregistrement et celui de tous les actes notariés ne sont soumis qu'à un droit fixe de cinq francs.

43. — Les demandes d'expropriation sont remises sur papier libre au procureur de la République près le tribunal de la commune où l'immeuble est situé ; le montant de la dette et son origine y sont indiqués.

(1) Cela existe déjà à Besançon.

44. — Dans les trois jours, le procureur de la République en adresse une copie au débiteur, en le prévenant que, faute par lui de contester la dette, l'expropriation sera poursuivie.

45. — Huit jours après, il expose au tribunal les prétentions des deux parties, et donne ses conclusions. S'il y a doute sur l'existence ou sur l'exigibilité de la dette, la cause est inscrite au rôle ; dans le cas contraire, l'expropriation est prononcée.

46. — Le procureur de la République veille à ce que les publications légales soient faites par la voie des affiches et dans le Mémorial.

47. — Huit jours après, la vente a lieu aux enchères sur la mise à prix des quatre cinquièmes de la valeur officielle de l'immeuble.

48. — Si nul enchérisseur ne se présente, l'Etat est déclaré adjudicataire.

49. — Si, dans les huit jours suivants, une surenchère d'un quart n'est pas dénoncée au greffe, le tribunal déclare la vente définitive.

50. — Tous les biens de même nature s'assurent mutuellement sous la direction de l'Etat, et supportent au marc le franc les sinistres qui les frappent (1).

51. — Il sera tenu par le sous-préfet un grand livre de la propriété où seront inscrites la valeur officielle de tous les immeubles situés dans la commune, et les charges qui les grèvent.

52. — Les notaires y feront enregistrer dans les cinq jours les mutations qui résulteront des actes qu'ils auront reçus.

53. — Toutes les hypothèques sont levées ; les créances qu'elles garantissaient sont déclarées exigibles (2).

(1) On estime à 82 millions les pertes annuelles de la seule agriculture. Plusieurs petits gouvernements d'Allemagne se font déjà assureurs d'office contre l'incendie, l'inondation et la grêle.

(2) Il y a 4,688,862 inscriptions hypothécaires, qui représentent un capital de

54. — Lorsque l'existence ou l'exigibilité des créances dépend d'une condition éventuelle, le montant en sera versé à la caisse des dépôts et consignations. En cas de contestation, il sera statué par les tribunaux.

55. — Le chiffre des hypothèques légales actuellement existantes sera fixé par le tribunal, en séance secrète, après avoir entendu le procureur de la République.

56. — Ces hypothèques seront inscrites en débet sur le grand-livre de la propriété, et porteront sur l'immeuble que le grevé voudra affecter à la garantie de sa bonne administration.

57. — A l'avenir, les contrats de mariage fixeront le chiffre de l'hypothèque consentie à la femme, et indiqueront la propriété qui lui sera affectée. Dans les trois jours, le notaire en donnera connaissance au procureur de la République, qui veillera à ce que l'inscription soit faite.

58. — Les conseils de famille fixeront, dans leur première séance, le chiffre de l'hypothèque accordée par la loi aux mineurs et aux incapables; le tuteur désignera la propriété qui en sera grevée, et pourra se pourvoir en réduction devant le tribunal, qui statuera en séance secrète, après avoir entendu le procureur de la République.

59. — L'Etat, représenté par le sous-préfet de la commune où les biens sont situés, prêtera aux propriétaires qui le demanderont jusqu'à la concurrence des trois cinquièmes de la valeur officielle de leurs immeubles; aucune autre condition ne sera exigée que la représentation de la quittance du dernier vendeur ou un certificat de propriété remontant à dix ans.

11,239,265,778 francs; par une évaluation que nous croyons fort exagérée, la *Presse* du 30 septembre 1836 a supposé que l'intérêt moyen était de 7 1/2, mais nous ne croyons pas qu'il soit inférieur à 6; en réduisant l'intérêt d'un p. %, la mesure que nous proposons dégrèverait donc la propriété de plus de 112 millions par an, et dans 41 ans elle serait entièrement déchargée.

60. — Ce prêt leur sera fait en bons hypothécaires au porteur, moyennant un intérêt de cinq pour cent qui sera perçu par le percepteur et jouira de tous les priviléges de l'impôt (1).

61. — Quatre pour cent seront payés au porteur en deux termes égaux ; il pourra se présenter à son choix à toutes les caisses publiques (2).

62. — Le reste formera un fonds de libération dont l'Etat capitalisera les intérêts de manière à retirer les bons de la circulation au bout de 41 ans (3) ; quel que soit le cours de la bourse, ils seront remboursés au pair.

63. — Les bons hypothécaires seront reçus comme argent comptant dans toutes les caisses de l'Etat.

64. — L'Etat ouvrira aussi des crédits aux cultivateurs qui lui présenteront des garanties matérielles ou morales. Toute demande de prêt qu'ils lui adresseront devra être accompagnée du bilan de leur exploitation pendant les deux dernières années.

65. — Dix ans après la promulgation de la présente loi, tous les cultivateurs tiendront note de toutes leurs opérations sur un registre coté et paraphé à toutes les pages par le juge de paix, et en remettront à la fin de chaque année une copie à la sous-préfecture.

66. — La tenue des livres fera désormais partie de l'instruction primaire.

(1) Le développement du papier-monnaie qui ne rapporte aucune sorte d'intérêt, fera naturellement rechercher les bons hypothécaires qui seront également garantis par l'Etat et rapporteront 4 p. % ; mais la loi pourra toujours, selon les circonstances, en augmenter ou en diminuer l'intérêt.

(2) Les bons hypothécaires donneront à l'Etat le moyen d'utiliser les fonds des caisses d'épargne, les cautionnements et le fonds des retraites.

(3) C'est la retenue qui a lieu dans le grand-duché de Posen. Dans le royaume de Pologne, elle est de 2 p. % et l'immeuble est libéré au bout de 28 ans ; mais nous ne croyons pas que dans l'état où se trouve la société, il soit prudent, nous avons presque dit possible, de grever aussi lourdement le présent au profit de l'avenir.

67. — Nul ne peut, sans l'autorisation du Gouvernement, défricher des bois ni planter en vignes des terres labourables.

68. — Tout droit de parcours, de vaine pâture et de glandage est aboli; les tribunaux régleront l'indemnité que les propriétaires devront aux ayant-droit.

69. — Le sous-préfet réglera les cours d'eau de la commune; il prendra tous les ans des mesures qui organiseront et faciliteront les irrigations; ses arrêtés seront soumis à l'approbation du préfet.

70. — Le sous-préfet tiendra un registre financier de la commune; tous les habitants ayant un revenu quelconque y seront inscrits avec leur âge, leur profession, le chiffre et les éléments de leur fortune.

71. — Tous les ans, le sous-préfet adressera au préfet une histoire statistique de la commune : elle contiendra tous les faits agricoles, industriels, économiques et médicaux qui intéresseront le pays ou la science, et sera insérée en entier dans le Mémorial.

72. — Tous les ans, le préfet adressera au ministre de l'intérieur et publiera dans le Mémorial une histoire statistique du département : tous les faits et toutes les observations qui intéressent le pays ou la science y seront résumés et commentés.

73. — Le ministre de l'intérieur publiera tous les ans, dans le Journal officiel, une histoire statistique de la France, où sera résumée et commentée celle de tous les départements.

74. — Il y a dans chaque commune une chambre consultative d'agriculture, présidée par le sous-préfet; les dix autres membres sont choisis par tous les cultivateurs.

75. — La chambre consultative éclaire l'agriculture sur ses intérêts et fait connaître ses besoins à l'administration; elle accorde des primes annuelles à la qualité et surtout à la quantité du bétail, et décerne tous les cinq ans des récompenses publiques aux bons et longs services des domestiques de ferme.

76. — Toutes les chambres consultatives du département envoient, chacune, un délégué à la chambre centrale d'agriculture.

77. — Elle est présidée par le préfet ; les membres reçoivent des jetons de présence dont les fonds sont faits par le département.

De la direction et des dépenses de l'Industrie.

78. — Le travail personnel est libre ; mais comme intéressant au plus haut point l'ordre et la prospérité de l'Etat, toutes les entreprises industrielles sont soumises à l'approbation préalable du Gouvernement (1).

79. — L'introduction dans une fabrique de machines qui se substituent au moins temporairement à la main-d'œuvre est aussi subordonnée à l'approbation du Gouvernement.

80. — Il n'est rien innové dans la condition des établissements actuellement existants ; l'Etat n'attend les changements réclamés par le progrès social que de l'intérêt bien entendu des propriétaires, et des sentiments de fraternité dont ils sont animés.

81. — Il sera fixé pour tous les travaux à tâche un minimum que l'entrepreneur ne pourra réduire sans encourir une amende de cinquante francs au profit de l'ouvrier qu'il aura voulu exploiter.

82. — Dans les entreprises à salaire fixe, le chef prélèvera sur le revenu net cinq pour cent du capital de roulement et de premier établissement ; le reste constitue le dividende.

83. — Un dixième du dividende sera versé à la caisse des

(1) Dans une foule de circonstances, l'Etat a déjà reconnu que les droits de la propriété particulière étaient subordonnés à l'intérêt de la société tout entière : ainsi, pour n'en citer qu'un exemple qui rend vraiment incroyable son laisser faire en matière d'industrie et de prospérité publique, il a imposé une autorisation préalable aux établissements insalubres ou trop bruyants.

retraites des invalides du travail ; un autre dixième le sera à la caisse de secours de la commune ; et les quatre cinquièmes restants seront répartis au marc le franc entre tous les capitaux qui auront concouru à la production (1).

84. — Les salaires seront considérés comme du capital ; chaque ouvrier aura dans le dividende une part proportionnelle à la somme des salaires qu'il aura touchés dans l'année.

85. — Pour avoir droit au dividende, il faut être attaché à l'entreprise au moins depuis deux ans ; la part correspondante au salaire des nouveaux ouvriers sera versée dans la caisse de secours de la commune.

86. — Lorsqu'il y aura dans une commune plusieurs industries assez considérables, le sous-préfet pourra autoriser la création de caisses spéciales de secours où sera versée une moitié des subventions de l'industrie dont elles assisteront les travailleurs. Si leurs ressources ne suffisaient pas à tous les besoins, la caisse de la commune subviendrait à leur insuffisance.

87. — Les caisses de secours seront administrées gratuitement par le sous-préfet, sous la direction de cinq commissaires nommés par tous les ayant-droit.

88. — Pour avoir droit à l'assistance des caisses de secours, il faut être domicilié dans la commune et verser tous les ans une somme qui sera fixée par la commission administrative.

89. — La caisse des retraites des invalides du travail est administrée par l'État qui doit suppléer à son insuffisance.

90. — Les directeurs d'établissements industriels ne doivent compte à personne de leur direction ; ils augmentent ou restreignent leurs opérations, prennent de nouveaux ouvriers, accor-

(1) La compagnie du chemin de fer d'Orléans était déjà entrée volontairement dans ce système ; elle partageait à ses agents 15 p. °/₀ des bénéfices nets. Pour un salaire total de 1,233,505 fr., ce boni est monté en 1846 à 309,000 fr. C'était ainsi un accessoire de plus d'un quart.

dent de l'avancement aux anciens ou les congédient comme il leur plaît.

91. — L'ouvrier qui se croit lésé dans ses droits peut en appeler au jury industriel de la commune.

92. — Quand le renvoi des ouvriers est nécessité par une crise industrielle, il doit atteindre d'abord ceux qui n'ont pas le droit de résider dans la commune.

93. — Quand ce renvoi tient à des motifs personnels que le jury trouve insuffisants, le directeur doit indemniser les ouvriers.

94. — Ceux qui étaient attachés à la fabrique depuis moins de deux ans reçoivent une somme égale au dividende qu'ils ont versé l'année précédente à la caisse de secours.

95. — Cette somme est égale pour les autres aux trois derniers dividendes qu'ils ont touchés ou versés à la caisse de secours.

96. — Le dixième prélevé sur les dividendes au profit de la caisse des retraites est perçu aussi sur les indemnités.

97. — Le jury industriel connaît de toutes les contestations qui surviennent entre les entrepreneurs d'industries et leurs ouvriers.

98. — Tous les jugements sont rendus sommairement et sans frais.

99. — Il est présidé par le juge de paix et se compose de deux prud'hommes maîtres et de deux prud'hommes travailleurs.

100. — Au commencement de chaque année deux listes de prud'hommes sont formées au scrutin par les entrepreneurs d'industrie et par les ouvriers domiciliés dans la commune.

101. — Il y a un prud'homme par cinquante électeurs inscrits ; mais, quel que soit leur nombre, chaque liste contient au moins dix membres qui peuvent être renommés indéfiniment.

102. — Tous les mois, quatre prud'hommes sont choisis au sort sur les deux listes, et un nouveau tirage au sort désigne, au commencement de chaque affaire, ceux qui doivent en connaître.

103. — Nul ne peut être de service pendant deux mois consécutifs.

104. — L'Etat introduira, dans l'organisation des établissements industriels, toutes les associations partielles, compatibles avec l'autorité nécessaire du directeur et la nature de l'industrie, qui lieront ensemble, d'une manière plus étroite, le capital et la main d'œuvre (1).

105. — Le salaire sera proportionnel à la valeur du travail; les ouvriers qui concourront le plus efficacement aux profits devront être mieux rétribués que les autres (2).

106. — Tous les entrepreneurs d'industrie tiendront un registre de leurs opérations, et en remettront, à la fin de chaque année, une copie à la sous-préfecture.

107. — Ce registre sera coté et paraphé à toutes les pages par le juge de paix ou par un de ses suppléants.

108. — Dans les huit premiers jours de janvier, les banquiers,

(2) Plusieurs chefs d'industrie ont parfaitement compris que ces associations partielles étaient dans leur intérêt comme dans celui de leurs ouvriers. Ainsi, au Creuzot les commandes sont souvent rétrocédées à des associations d'ouvriers qui travaillent alors à leur compte. Dans beaucoup d'entreprises qui marchent à la vapeur, les chauffeurs bénéficient d'une portion des économies qu'ils parviennent à faire sur le chauffage. La compagnie du chemin de fer de Rouen a traité du service de la traction avec deux sous-entrepreneurs, et il y a, à la Sauvagère, près Lyon, une manufacture de tissus de soie qui est une sorte de communauté dirigée paternellement.

(1) L'égalité des salaires supprimerait tout intérêt à devenir bon ouvrier, l'industrie nationale en souffrirait d'une manière radicale. Il faudrait d'ailleurs que les salaires fussent les mêmes pour toutes les professions; autrement on affluerait dans la mieux rétribuée au détriment des autres, et si le salaire était égal dans toutes, on déserterait les plus fatigantes et les plus désagréables.

les commerçants et tous les entrepreneurs d'une industrie quelconque remettront également à la sous-préfecture un inventaire de toutes leurs opérations de l'année précédente.

109. — S'il croit les intérêts du public compromis, le sous-préfet pourra les forcer de restreindre leurs opérations ou même les déclarer en liquidation, et dans le cas où les ordres n'auraient pas été obéis, mettre un syndic à la tête de leurs affaires.

110. — S'il déclare l'urgence, ses décisions seront exécutoires par provision, mais il en devra rendre compte sur-le-champ au préfet qui les confirmera ou les réformera dans les trois jours.

111. — Tout industriel qui se trouvera momentanément embarrassé dans ses affaires ou qui voudra soit créer, soit augmenter un établissement d'industrie, pourra être crédité par l'État (1).

112. — Ces prêts n'auront lieu que dans un but d'intérêt public et seront soumis aux conditions matérielles et morales que le gouvernement voudra y attacher.

113. — Il pourra élever le taux de l'intérêt ou le supprimer entièrement, forcer l'emprunteur de restreindre temporairement ses opérations, d'améliorer sa fabrication et d'introduire dans l'organisation de son établissement tous les perfectionnements que réclameront l'intérêt du pays et le bien-être des ouvriers.

114. — La capacité et la moralité de l'emprunteur seront considérées comme des garanties plus solides que les autres (2).

(1) Colbert prêta, comme on sait, de l'argent aux fabricants de Lyon; plusieurs fois aussi les magistrats de Hambourg et des princes allemands ont versé des fonds dans des entreprises industrielles, et encore maintenant en Angleterre la commission des prêts de l'échiquier donne des subsides aux entrepreneurs de travaux publics.

(2) Dans les banques d'Ecosse, le travail et la capacité sont déjà capitalisés et crédités.

115. — Toute demande de crédit devra être accompagnée du bilan actuel de l'établissement et d'un exposé des raisons d'intérêt public qui l'appuient.

116. — Le sous-préfet la transmettra sur-le-champ à la chambre consultative de travail et à la chambre consultative d'industrie, et statuera dans les trois jours qui suivront la réception de leur avis.

117. — Sa décision ne sera exécutée qu'après l'approbation du préfet, qui consultera auparavant la chambre centrale de travail et d'industrie, et en informera le ministre de l'industrie et le directeur du trésor public.

118. — Le Mémorial publiera dans un de ses plus prochains numéros toutes les demandes de crédit qui auront été favorablement accueillies, le montant des prêts et les conditions auxquelles ils auront été consentis.

119. — Tout prêt sur dépôt de marchandises est interdit : au lieu de soulager réellement l'industrie, il donnerait le moyen d'augmenter encore des produits dont la trop grande quantité est la cause première de la crise.

120. — L'Etat accordera des récompenses aux inventeurs qui auront bien mérité de l'industrie et achètera leurs brevets.

121. — Il sera établi dans toutes les communes au moins une école industrielle où l'on enseignera les connaissances générales nécessaires à toutes les industries et leur application particulière aux habitudes et aux nécessités de chaque localité.

122. — La moitié des places sera gratuite et il sera nommé alternativement aux bourses vacantes par le conseil municipal et par les deux chambres consultatives de travail et d'industrie.

123. — L'Etat et la commune contribueront chacun pour moitié aux dépenses annuelles de ces écoles ; les frais de premier établissement seront supportés en entier par les communes.

124. — Pendant la morte-saison des ouvroirs assureront du

travail à tous les ouvriers sans ouvrage domiciliés dans la commune, et se combineront avec des travaux à la pièce pour les femmes qui sont retenues une partie de la journée dans leur ménage.

125. — Leur direction et leur administration appartiennent à la commune; mais le sous-préfet doit veiller à ce qu'elle ne perde point de vue leur caractère d'institutions charitables, et empêcher que leur concurrence ne nuise outre-mesure à l'industrie privée (1).

126. — Les frais de premier établissement sont à la charge des communes; l'Etat subvient de moitié avec elles à toutes les autres dépenses.

127. — Les invalides du travail reçoivent une retraite calculée d'après un tarif basé sur la masse des contributions de toute leur vie et sur les salaires qu'ils auront reçus pendant les cinq dernières années.

128. — Elle n'est jamais moindre de 20 fr., et peut s'élever assez haut pour qu'il soit tenu compte de la moralité de chaque ouvrier, de ses infirmités, de sa fortune, de ses charges et de la position de sa famille.

129. — La femme infirme a droit à la même pension de retraite que son mari.

130. — Les demandes de retraite sont remises au sous-préfet qui les adresse dans le plus bref délai au ministre de l'industrie ou de l'agriculture; il y joint ses observations et celles du maire, l'avis du médecin communal et celui de la chambre consultative de travail: un comité spécial du conseil d'Etat prononce sur l'admission et règle la retraite.

(2) Dans la plupart des communes, on pourrait faire fabriquer des étoffes peu chères, et confectionner des habillements et des chemises qu'elles vendraient ensuite à bon marché dans des boutiques spéciales.

131. — Il est perçu un dixième en sus des contributions établies sur le travail, comme prime d'assurance pour la vie de tous les travailleurs.

132. — Quels que soient leur âge et leur profession, l'Etat devra, le lendemain de leur décès, le capital calculé à cinq pour cent de la dernière contribution qu'ils auront payée ; mais la femme légitime, les ascendants et les enfants naturels ou d'adoption ont seuls le droit de le réclamer.

133. — Il y aura dans toutes les communes un bureau de bienfaisance qui pourvoiera à domicile à tous les besoins temporaires des indigents ayant droit d'assistance, la caisse de secours ni la famille ne pouvant secourir d'une manière suffisante.

134. — Le droit de succéder à une personne implique l'obligation de l'assister dans tous ses besoins; les parents les plus proches en déchargent les autres : en cas de contestation, le tribunal fixe la quotité et la durée des secours.

135. — Lorsque les besoins d'un indigent tiendront à la vieillesse ou à des infirmités incurables, la commune l'admettra sur sa demande dans un hospice; mais elle jouira alors de tous ses revenus et deviendra sa seule héritière.

136. — Les ouvriers ne peuvent obtenir de permis de résidence dans les communes industrielles que sur la demande d'un entrepreneur d'industrie qui s'engage à leur fournir pendant quinze jours du travail dont le produit suffise à leur entretien et à celui de leur famille.

137. — Dans les crises industrielles, l'autorité municipale peut annuler tous les permis de résidence, et remettre leurs passeports d'abord aux étrangers, puis aux nationaux des autres départements, et enfin à tous les ouvriers qui ne sont pas domiciliés dans la commune (1).

(1) Ces règles existent déjà à Mulhouse, qui leur doit une partie de sa prospérité.

138. — Les établissements des logeurs ne peuvent être ouverts qu'après avoir été approuvés par l'autorité municipale.

139. — Ils doivent être bien aérés et tenus avec propreté; chaque ouvrier y aura un lit séparé ; le nombre de lits que chaque dortoir pourra contenir sera fixé par un arrêté de police qui y restera constamment affiché ; les ménages n'y seront reçus que dans des chambres séparées et sur la présentation de leur acte de mariage, et les établissements destinés aux femmes n'auront aucune communication possible avec les autres.

140. — Toute infraction aux dispositions de l'article précédent pourra être punie de la fermeture temporaire ou définitive de l'établissement.

141. — Il y a dans chaque commune une chambre consultative d'industrie, composée de dix membres et présidée par le sous-préfet : les membres sont choisis au scrutin secret par tous les entrepreneurs d'industrie.

142. — Lorsqu'il y aura dans une commune plusieurs industries ayant des intérêts distincts, elles pourront avoir, chacune, leur chambre consultative.

143.—Il y a dans chaque commune une chambre consultative de travail, composée de dix membres et présidée par le sous-préfet. Les membres sont choisis au scrutin secret par tous les ouvriers industriels.

144. — Ces chambres sont chargées, chacune en ce qui la concerne, d'éclairer l'administration sur toutes les questions qui se rattachent aux intérêts qu'elles représentent.

145. — Les deux chambres se réunissent sous la présidence du sous-préfet pour choisir un membre de la chambre centrale de travail et d'industrie.

146. — Il est nommé au scrutin secret à la majorité relative : si deux candidats réunissent le même nombre de voix, le sort décide entre eux.

147. — Lorsqu'il y aura dans la même commune plusieurs chambres consultatives d'industrie, elles s'entendront pour choisir les dix membres qui doivent concourir à l'élection du délégué de la commune.

148. — La chambre centrale de travail et d'industrie se réunit au moins une fois par an sous la présidence du préfet; chaque commune pourvoit aux frais de voyage de son délégué, et le département alloue des jetons de présence à tous les membres.

149. — Dans l'intervalle des sessions, la chambre centrale est suppléée par une commission de cinq membres qu'elle nomme dans sa dernière séance : ils doivent être domiciliés au chef-lieu, et reçoivent des jetons de présence.

Des ressources ordinaires de l'Etat.

150. — Les ressources ordinaires de l'Etat consistent dans le revenu de ses immeubles et le produit de ses actions industrielles, dans les successions qui lui échoient par voie de déshérence, dans les droits prélevés sur les successions collatérales et sur les donations entre-vifs, dans l'impôt (1) et dans certaines taxes établies temporairement dans un but d'utilité publique.

(1) La seule base rationnelle de l'impôt est le revenu, puisque chacun contribue alors aux dépenses de l'Etat proportionnellement à la protection matérielle qu'il en reçoit, et que le capital producteur du pays n'est pas entamé. Il n'y a donc que trois systèmes scientifiques d'impôt : le chiffre même du revenu, ou, dans la difficulté de le reconnaître, ses sources (les capitaux, l'industrie, le travail) et son usage (sa consommation : impôts indirects; son emploi : taxes sur le luxe et droits d'enregistrement et de timbre). Bois-Guilbert et Vauban avaient déjà proposé d'établir un impôt unique qui frapperait également sur tous les revenus; le *denier royal* de Law fut inspiré par la même pensée et, sous le ministère de M. le Duc, Paris-Duverney voulut lever pendant douze ans le cinquantième des revenus. Son projet de *dîme royale* reçut même un commencement d'exécution dans un lit de justice tenu exprès le 8 juin 1725.

151. — L'Etat possède au même titre que tous les particuliers ; mais au lieu d'exploiter ses biens dans un intérêt purement matériel, il ne doit avoir en vue que l'utilité publique.

152. — Tout Français majeur ou émancipé peut disposer par testament de ses biens, et leur transmission aux légataires n'est soumise qu'à un droit fixe de cinq francs.

153. — A défaut de conjoint, d'ascendants, d'enfants naturels ou d'adoption et de frères ou sœurs survivants ou représentés par des descendants à un degré quelconque, les successions ab intestat sont dévolues à l'Etat (1).

154. — Les successions collatérales sont soumises à un droit de mutation s'élevant au quart de leur valeur ; pour les autres, le droit est fixe et ne monte qu'à cinq francs.

155. — Il est perçu aussi un droit de vingt-cinq pour cent sur la valeur de toutes les donations entre-vifs qui ne sont pas faites par contrat de mariage : celles-là ne sont tenues qu'à un simple droit d'enregistrement.

156. — Toute vente simulée pour déguiser une donation sera punie d'une amende égale au quadruple des droits dont elle aurait fraudé l'Etat, et le notaire qui aura reçu l'acte sera révoqué s'il avait connaissance de la fraude.

157. — L'impôt est égal pour tous et proportionnel au revenu de chacun (2).

(1) Les chiffres prouvent qu'au-delà d'un certain degré les liens du sang ne sont pas une cause certaine d'affection que la loi doive bénévolement supposer. En 1830, les étrangers ont payé des droits de mutation pour un total de 51,357,993 f., et les parents au-delà du quatrième degré n'en ont payé que pour 34,701,325 fr. Nous ignorons les résultats des années suivantes, mais les chiffres de 1829 nous font croire que la différence n'a pas été sensible.

(2) L'impôt progressif a une apparence démocratique qui lui a conquis des partisans, même parmi les économistes (Adam Smith, l. v, ch. 2 ; Say, *Cours d'économie politique*, t. VI, p. 55-59, et Montesquieu, *Esprit des Lois*, l. XIII, ch. 7). Préoccupés d'une sorte d'égalité radicale, ils n'ont pas voulu voir qu'il implique

158. — Pour toute espèce de revenu résultant d'un capital, l'impôt est du cinquième, plus un décime pour franc (1).

159. — Quand l'impôt est assis sur un immeuble, ce décime additionnel appartient à la commune où l'immeuble est situé : quand la base de l'impôt est une valeur mobilière, il appartient à la commune où le propriétaire est domicilié.

160. — L'impôt est perçu par douzième d'après le revenu indiqué par les baux ou par les rôles de l'année précédente.

la recherche et l'évaluation de charges qui se modifient du jour au lendemain et ne peuvent être approuvées que par un arbitraire blessant et sans aucune base rationnelle. D'ailleurs il diminue le premier mobile de l'économie et du travail, l'espérance d'accroître sa fortune, et par là comprime les développements de la richesse publique ; par les deux plus puissants motifs, l'intérêt personnel et l'amour de la famille, il provoque à des violations toujours faciles de la loi, à la simulation de sociétés en commandite et à la déclaration de dettes supposées. Il pousse les capitaux à chercher à l'étranger des placements tout autrement avantageux, et la tentation est d'autant plus forte qu'on est plus riche, et que par conséquent il est plus facile d'y céder. Il travaille activement à la division des propriétés, jusqu'à ce que la pulvérisation du sol s'en suive et prépare l'égalité de toutes les fortunes, même mobilières, non pas en élevant les pauvres, mais en abaissant les riches au niveau des plus pauvres. Enfin il tend à rendre le luxe impossible et détruit par le fait toutes les industries qui s'y rattachent. Voyez Jollivet, *De l'impôt progressif et du morcellement du patrimoine ;* Rœderer, *Journal d'économie publique*, t. I, p. 217 ; Boulatignier, *Traité de la fortune publique*, t. II ; l'*Edinburg review*, avril 1833, p. 143, et surtout l'excellent article que M. Francis de Corcelles a publié dans la *Revue des Deux-Mondes*.

(1) C'est une proportion beaucoup trop forte que l'Etat doit s'efforcer de réduire de moitié, non pas seulement dans l'intérêt des propriétaires, mais dans celui de tous les consommateurs. Les impôts fonciers surtout produiraient des effets très-fâcheux ; ils obligeraient de se préoccuper beaucoup plus de frais d'exploitation et de préférer un revenu net moins considérable. C'est précisément cette raison qui, dans ces derniers temps, a fait mettre en Angleterre et en Ecosse tant de terres labourables en prairies. Selon M. Royer, le produit net de l'agriculture française serait de 3,017,205,319 fr. ; ce qui, avec le tiers à la charge des cultivateurs, donnerait pour la terre seule un revenu de plus de 800 millions. L'impôt sur les revenus de l'industrie, du commerce, des maisons et du travail dépasserait cette somme de beaucoup, et avec les taxes conservées, les ressources ordinaires de l'Etat monteraient certainement à plus de deux milliards. On pourrait donc en peu d'années terminer tous les chemins de fer et rembourser la dette publique.

161. — Les contributions foncières continueront a être perçues sur les rôles actuels jusqu'à ce que l'enregistrement de baux permette de leur donner une assiette définitive.

162. — Tout immeuble inoccupé et ne produisant point de revenu, n'est passible d'aucun impôt.

163. — Le revenu des immeubles, qui sont occupés par les propriétaires, est estimé au commencement de chaque année par le jury financier de la commune (1).

164. — Le jury financier de la commune statue sur toutes les réclamations qui sont élevées en matière de contribution.

165. — Il est composé de six membres présidés par le juge de paix : trois sont désignés par le conseil municipal de la commune, et trois par le sous-prefet.

166. — Les décisions sont signifiées dans les trois jours aux parties intéressées qui peuvent en appeler au conseil de préfecture.

167. — Les immeubles communaux, produisant un revenu quelconque, sont soumis à l'impôt.

168. — Le chiffre des impôts assis sur les fabriques et sur les capitaux mobiliers est réglé d'une manière définitive d'après l'inventaire annuel que les industriels, les commerçants et tous les spéculateurs sont obligés de déposer à la sous-préfecture de leur domicile.

(1) Il faut se hâter de renoncer aux estimations cadastrales qui méconnaissent les premiers principes de l'économie agricole. Depuis longtemps la terre n'a plus sa fécondité naturelle ; elle rapporte non pas en raison de ses éléments constitutifs, mais d'après les capitaux qu'on y a déjà dépensés et ceux qu'on y dépense encore tous les ans. La valeur de chaque propriété est donc essentiellement variable ; elle dépend aujourd'hui, surtout de la manière dont elle est cultivée et des causes de sa fécondité : les unes s'épuisent beaucoup plus vite que les autres. D'ailleurs le rapport entre la valeur vénale et la valeur locative varie souvent dans la même commune, et le cadastre suppose qu'il est constant : au lieu du fonds, c'est donc le revenu net qu'il faudrait estimer, et pour ne pas être grossièrement injuste, cette estimation devrait être recommencée au moins tous les cinq ans.

169. — Il sera prélevé pour l'impôt des entrepreneurs de fêtes, bals, concerts et spectacles un vingtième du produit brut de leurs recettes.

170. — Les impôts assis sur les traitements, ventes, billets hypothécaires et toute autre espèce de valeur mobilière dont le produit est payé par les caisses publiques, sont acquittés au moment du paiement par une retenue.

171. — Les chefs de maisons de commerce, d'établissements industriels et de spéculations d'une nature quelconque paieront sur le revenu des entreprises qu'ils dirigent, la portion d'impôt à la charge de leurs associés et de leurs commanditaires.

172. — Les pensions et les retraites sont exemptes d'impôt.

173. — A défaut de l'inventaire, dont la loi dispense les cultivateurs pendant dix ans, l'impôt perçu sur les revenus de leur industrie sera fixé au tiers de la contribution des immeubles qu'ils exploitent (1).

174. — Les colporteurs, fruitiers et autres petits marchands dont le travail est le premier capital, sont dispensés de la tenue d'un registre et ne paieront qu'un droit fixe qui sera déterminé tous les ans par le jury financier de la commune, et devra être acquitté d'avance.

175. — Pour favoriser la production de nouvelles valeurs et rendre le bien-être plus facile à la classe ouvrière, toute espèce de revenu, provenant exclusivement du travail, n'est soumis qu'à un impôt du vingtième, et le décime pour franc sert de prime d'assurance à la vie du contribuable.

176. — Au commencement de l'année, la chambre consultative de travail estimera la valeur de la journée de chaque mé-

(1) En Angleterre, on comptait aux fermiers un revenu égal à la moitié de leurs fermages; mais le capital appliqué à l'agriculture y est bien plus considérable qu'en France.

tier, et le revenu de chacun sera calculé d'après trois cents journées de travail, dont on déduira les jours de maladie que son âge et sa profession rendent probables.

177. — Tous les ans, à l'aide de documents fournis par les caisses de secours, par les bureaux de bienfaisance et par les médecins communaux, le préfet publiera un tableau statistique des jours de maladie dans le département, où l'âge et la profession de chaque malade seront soigneusement indiqués, et l'on se réglera sur les chiffres pour la déduction prescrite par l'article précédent.

178. — Pour évaluer le revenu des domestiques et autres personnes nourries à l'année, on augmentera leurs gages d'un tiers en sus.

179. — Toutes les femmes sont exemptes de l'impôt sur les revenus du travail, et les hommes ne sont inscrits sur les rôles que lorsqu'ils ont dix-huit ans accomplis.

180. — Les médecins, hommes de loi, littérateurs, artistes et maîtres au cachet déclareront, à la fin de chaque année, quels auront été les produits de leur travail, et payeront l'impôt d'après leur déclaration (1).

181. — S'il y a fraude dans les déclarations et inventaires prescrits par les articles précédents, les cours d'appel pourront prononcer la privation des droits civiques, et, en cas de récidive,

(2) Ce ne serait pas, ainsi qu'on l'a dit, imposer la probité, mais compter sur des sentiments de patriotisme et de vertu, sans lesquels toute république, nous dirions presque tout gouvernement, est impossible. Dans la ville de Bâle, dont les recettes se composent presque uniquement d'un impôt égal au centième du revenu, tous les citoyens, non pas seulement, comme dans notre projet, ceux dont l'éducation supérieure offre plus de garanties morales, en déclarent eux-mêmes la quotité sous la foi du serment, et cependant la tentation de violer la loi est d'autant plus forte que les dispositions en sont souverainement injustes. Le revenu des commerçants n'est point calculé sur les bénéfices qu'ils ont réalisés, mais sur la valeur brute des affaires qu'ils ont faites dans l'année.

interdire aux faussaires l'exercice de leur profession et de leur industrie.

182. — Les villes qui obtiendront la permission d'établir des droits d'octroi verseront un cinquième du produit dans les caisses de l'Etat.

183. — Le monopole de la fabrication et de la vente de la poudre (1) et du coton fulminant appartient exclusivement à l'Etat ; les débitants ne pourront en livrer que sur le vu d'un port d'armes ou sur le dépôt d'un bon du procureur de la République, et tiendront note, sur un registre spécial, du nom de tous les acheteurs.

184. — L'Etat se réserve aussi la fabrication et la vente de toutes les substances dangereuses qui seront désignées par un règlement d'administration publique ; elles ne pourront être vendues que par les pharmaciens communaux et ne pourront être délivrées que sur l'ordonnance d'un médecin ou la demande signée d'un entrepreneur d'industrie. Tous les mois il sera rendu au procureur de la République un compte détaillé de leur vente.

185. — La justice est essentiellement gratuite : un des premiers devoirs du gouvernement étant d'assurer aux citoyens la paisible jouissance de tous leurs biens.

186. — Tous les actes conservateurs de la propriété seront remis au procureur de la République, qui en donnera un récépissé et les fera signifier gratuitement par des huissiers attachés à son parquet. L'Etat est responsable de sa négligence.

187. — Le timbre ne sera plus apposé que sur les actes enregistrés.

188. — Tout acte produit en justice ou relaté dans un acte

(1) D'après le budget de 1846, dont nous suivons les évaluations en nombres ronds, la vente des poudres à feu rapporte à l'Etat 2,750,000 fr., et les artificiers peuvent fabriquer eux-mêmes celles dont ils ont besoin.

authentique, qui n'aura pas été enregistré dans les cinq jours, sera soumis à un timbre supplémentaire de cinquante francs.

189. — Des lois spéciales règleront les droits d'importation et d'exportation que l'utilité publique réclame (1).

190. — La fabrication du sucre indigène sera soumise à des droits assez élevés pour assurer l'existence et la prospérité des colonies (2).

191. — Tant que les ressources normales de l'Etat ne suffiront pas à ses dépenses, il fera payer aux citoyens qui les réclameront tous les services que le but pour lequel il est institué ne l'oblige pas de rendre gratuitement.

192. — Il établira un tarif pour ses chemins de fer et ses canaux, des taxes pour le transport des lettres (3) et la transmission par le télégraphe des communications particulières, des droits de pesage et de mesurage, et prélèvera un dixième en sus, pour frais d'assurance, sur tous les sinistres arrivés dans l'année.

193. — Le monopole du tabac (4) et celui du sel (5) sont maintenus jusqu'à ce que l'état du trésor permette de les abolir.

Des ressources extraordinaires de l'Etat.

194. — Les ressources extraordinaires de l'État se composent

(1) En y comprenant les droits sur les sucres coloniaux, le produit des douanes s'élève à 135 millions.

(2) Le produit brut de cette taxe monte à près de 11 millions, et les droits perçus sur les sucres par les douanes dépassent 50 millions.

(3) Le revenu total des postes est de 18 millions.

(4) Il rapporte plus de 75 millions.

(5) Le produit brut est de 71 millions 1/2, et la puissance productive du sel en agriculture nous semble bien incertaine. Quoi qu'il en soit, en supprimant cet impôt, on introduira certainement dans la condition de la classe peu riche une amélioration qu'on ne doit pas calculer par la quote part de chacun dans son produit. Selon M. de Monthion, on évaluait autrefois la consommation annuelle du sel à

des profits de sa banque (1) et de l'émission de son papier-monnaie (2).

195. — La banque de l'Etat fait des avances aux banques particulières et accorde des subsides à l'industrie et à l'agriculture : ses opérations ne sont soumises à aucune autre condition que l'utilité publique (3).

4 kilog. 1/2 par personne dans les pays de gabelles, et à 9 dans les autres; *Influence des divers impôts*, p. 141.

(1) Par une singulière défiance de soi-même, l'Etat a recouru jusqu'ici au crédit d'associations particulières au lieu de constituer le sien sur des bases solides. Une chose encore plus inconcevable, c'est qu'après avoir autorisé des spéculations privées à émettre des billets qui ne rapportent aucun intérêt, il sollicite comme une faveur d'en échanger au pair contre ses propres billets qui en rapportent un certain : il demande à un crédit qu'il couvre gratuitement de vouloir bien le couvrir moyennant finance. Il y a maintenant 50 millions de bons du trésor dont l'intérêt est payé à la banque, et cette incroyable niaiserie a quelquefois été poussée encore bien plus loin. Le 31 août 1814, le gouvernement anglais avait emprunté à la banque d'Angleterre jusqu'à 880 millions dont il lui payait l'intérêt à 3 p. $^{o}/_{o}$.

(2) L'histoire de notre papier-monnaie a malheureusement inspiré sur sa solidité des craintes qui seront bien difficiles à détruire. On n'y parviendra que par une grande prudence dans les émissions et le respect inviolable de ces quatre conditions : la solvabilité de l'Etat, c'est-à-dire sa prospérité et sa force; sa volonté de payer attestée par une fidélité scrupuleuse à remplir tous ses engagements; la faculté constante pour tous les possesseurs de papier-monnaie d'en user constamment pour toute sa valeur nominale, et enfin un gage indestructible d'une valeur suffisante.

(3) Les banques établies dans un intérêt privé se trouvent le plus souvent en opposition directe avec l'intérêt public. Pendant les fièvres industrielles, elles accordent aux spéculateurs des facilités qui exagèrent encore les spéculations, et dans les temps de crise, loin de venir en aide aux entreprises les plus importantes, elles resserrent systématiquement leurs crédits : en d'autres termes, elles provoquent les crises et les aggravent. Quelques faits rendront plus sensible leur caractère égoïste : la banque des Etats-Unis n'escomptait qu'à 6 p. $^{o}/_{o}$ et sur deux signatures; la banque de France en exige trois. En 1836, pendant une crise commerciale très grave, la banque d'Angleterre éleva son escompte de 3 à 4, puis à 4 1/2, et enfin à 5 : celle de Francfort n'a mis que deux jours à parcourir toute cette échelle. La banque de France apporte habituellement une prudence si méticuleuse dans ses opérations qu'en 1836, sur un escompte de 760,874,000 fr., il n'est resté en souffrance qu'un seul billet de 200 fr.

196. — Elle règle souverainement l'émission du papier-monnaie sans pouvoir cependant dépasser une limite déterminée par la loi (1).

197. — Son administration est indépendante du pouvoir exécutif : elle se compose d'un président qui prend le titre de directeur du trésor, de quatre régents, d'un secrétaire qui tient registre de toutes les délibérations et d'un contrôleur.

198. — Le directeur est nommé à vie par le pouvoir exécutif sur la présentation du sénat, et ne peut être révoqué que pour infidélité, incapacité ou abus de pouvoir.

199. — Son accusation motivée est votée par la chambre des

(1) Le bénéfice de l'Etat ne se bornerait pas seulement aux 452 millions que les différentes banques peuvent émettre en papier-monnaie, le cours légal assuré au papier rendrait inutiles tous les dépôts de numéraire qu'elles gardent en caisse, et de 1840 à 1845 cette réserve est restée en moyenne, pour la banque de France seulement, de 226 millions : le 27 avril dernier, après la plus forte crise qui ait jamais bouleversé le commerce et l'industrie d'un grand pays, quoique les billets ne fussent plus remboursables à vue depuis six semaines, elle montait encore à 85,765,534 fr. 33 c. Le développement d'un système monétaire en papier permettrait aussi de supprimer une très-grande partie des espèces métalliques dont la valeur intrinsèque est sinon perdue, au moins frappée de stérilité, et ce ne serait pas là une insignifiante économie, puisque, en 1845 seulement, on a frappé 119,140 fr. en or et 89,967,609 fr. 50 c. en argent. Selon M. d'Audiffret, nos métaux en circulation se seraient même élevés en 1840 jusqu'à la somme énorme de 50 millions en cuivre et en billon, 200 millions en or et 2,800 millions en argent. Il y faudrait encore ajouter les sommes considérables que coûtent, en pure perte pour la fortune publique, les dépenses annuelles des hôtels des monnaies, les frais de remonnayage et le déchet inévitable des métaux. Nous savons par exemple que, seulement pour la refonte des monnaies d'argent, la dépense monta, en Angleterre, sous Guillaume III, à 2,703,164 livres sterling; lord Liverpool, *Treatise on the coins*, p. 75. Toutes ces pertes qu'amènent si souvent la nécessité de faire voyager le numéraire et le désir d'en rendre la propriété plus sûre en le cachant à tous les yeux, ne frapperaient plus doublement sur la richesse du pays; elles tourneraient même en quelque sorte à son profit, puisqu'elles le soulageraient d'une partie de sa dette. Enfin, si solide que soit un papier-monnaie, il ne le paraît pas autant dans l'avenir que des espèces métalliques dont la valeur est indestructible; on le fait donc circuler avec un tout autre empressement, et il active bien plus puissamment le commerce et l'industrie.

représentants et transmise au sénat qui se constitue pour le juger en cour de justice : sa révocation n'est prononcée qu'à la majorité des quatre cinquièmes des voix et doit être suivie d'une condamnation à une peine afflictive.

200. — Un des régents est nommé pour cinq ans par le pouvoir exécutif ; un autre est choisi aussi pour cinq ans par tous les préfets de la République ; les deux derniers sont élus pour toute la durée du parlement, un par le sénat et l'autre par la chambre des représentants : ils sont rééligibles indéfiniment.

201. — Ils constituent à eux cinq le conseil d'administration : toutes les décisions y sont prises à la majorité des suffrages.

202. — Le secrétaire de la banque est choisi par le conseil d'administration qui le révoque quand il lui plaît, mais à la charge de rendre compte au pouvoir exécutif de ses raisons.

203. — Le contrôleur de la banque est nommé par la chambre des représentants et ne peut être révoqué que par elle.

204. — Il est expressément interdit à tous les administrateurs de la banque de prendre un intérêt quelconque dans aucune spéculation industrielle ou commerciale : toute infraction de cette disposition sera considérée comme une infidélité et punie de la révocation.

205. — Les préfets et les sous-préfets remplissent les fonctions de sous-directeurs de la banque dans le département et dans la commune qu'ils administrent.

206. — Pour être préfet, il faut avoir été sous-préfet pendant cinq ans et être élu au scrutin secret par tous les sous-préfets du département.

207. — Le conseil municipal et toutes les chambres consultatives de la commune choisissent des sous-préfets parmi tous les agrégés d'administration.

208. — Le brevet d'agrégé d'administration ne se gagne qu'au concours.

209. — Les préfets et sous-préfets n'entrent en fonctions qu'après avoir versé au trésor un douzième de toutes les recettes qu'ils perçoivent dans l'année, et ne peuvent être destitués que pour infidélité, incapacité et abus d'autorité.

210. — La révocation des préfets sera poursuivie par l'administration de la banque de l'Etat; la demande sera adressée avec les motifs à l'appui à la chambre des représentants qui statuera en séance secrète et pourra renvoyer l'inculpé devant les tribunaux ordinaires.

211. — La demande de révocation des sous-préfets sera adressée par le préfet à la cour d'appel, qui jugera en audience solennelle et pourra prononcer la révocation sans aucune autre peine; l'opinion de l'administration de la banque de l'Etat fera foi dans toutes les questions d'incapacité.

212. — Il est également défendu, sous peine de révocation, à tous les préfets et sous-préfets, de se livrer à aucune spéculation dans l'étendue de leur juridiction.

213. — Le droit d'émettre du papier-monnaie n'appartient qu'à l'Etat. A dater de la promulgation de la présente loi, la banque de France ne pourra émettre de nouveaux billets au porteur, ni remettre en circulation ceux qui seront rentrés dans les caisses.

214. — L'Etat se déclare débiteur envers les tiers de tous les billets actuellement en circulation; il les recevra comme argent comptant dans toutes les caisses publiques et les échangera contre du numéraire ou du papier-monnaie.

215. — Le 1er juillet 1853, tous les billets devront avoir été retirés de la circulation. Passé ce terme, ils ne seront plus reçus même comme papier de confiance (1).

(1) Quand l'Etat serait rentré dans son droit inaliénable de battre monnaie avec du papier, la banque n'en continuerait pas moins ses opérations d'escompte, sans même que sa prospérité en fût sensiblement affectée. La banque de l'Etat viendrait

216. — La banque de France remboursera l'Etat par soixante paiements égaux qui auront lieu à la fin de chaque mois.

217. — Le papier-monnaie de l'Etat a cours forcé comme le numéraire.

218. — Il ne doit pas être seulement un signe, mais le gage d'une valeur que ne puisse altérer aucune circonstance. L'Etat affecte à sa garantie exclusive et perpétuelle un cinquième de toutes les valeurs immobilières du pays.

219. — Il en doit maintenir constamment la valeur réelle au niveau de la valeur nominale (1).

220. — Si le papier-monnaie gagne une prime en espèces métalliques, l'Etat rétablira le pair par de nouvelles émissions (2).

à son secours dans les moments difficiles ; et pour une réserve de 226 millions en numéraire qu'elle a gardée en moyenne dans les cinq années 1840-1845, elle n'a eu qu'une circulation moyenne de 230 millions en billets.

(1) C'est une difficulté insurmontable pour les établissements les plus solides qui ne peuvent pas disposer des ressources souveraines d'un gouvernement intelligent. En 1800, les billets de la banque d'Angleterre étaient au pair ; en 1814, 100 livres sterling en papier ne valaient plus que 73 l. 4 sh. 9 pence, et le pair se rétablit en 1841.

(2) C'est un danger plus à craindre qu'on ne le croirait d'abord : le numéraire est à la fois signe monétaire et marchandise, et sa dépréciation à ce dernier titre réagit nécessairement sur la valeur des monnaies. Elles sont réellement altérées toutes les fois que les métaux qui leur servent de base sont moins recherchés ou que leur rareté relative vient à diminuer. Cette dépréciation des métaux a suivi presque constamment une marche progressive, et sans même supposer la découverte de nouvelles mines plus abondantes ou plus faciles à exploiter, on peut affirmer qu'elle se prononcera de plus en plus. D'abord la consommation de métaux précieux qui se fait tous les ans dans les arts est évaluée à 140 millions (on l'estime à 30 seulement pour la France), et l'invention de quelque nouvelle composition ou la découverte d'un procédé qui rendrait la dorure et l'argenture plus inaltérables peuvent la diminuer d'une manière sensible. Puis enfin la valeur de l'or et de l'argent est déterminée, moins encore par leur rareté que par la somme de travail que coûte leur extraction ; elle dépend donc de l'habileté des mineurs, du perfectionnement de leurs machines, de la quantité de mercure que consomme l'amalgamation du métal, et surtout pour ce dernier point, le plus important de beaucoup, les savants prévoient de grandes améliorations; voyez M. Dumas, *Chimie*, t. IV, p. 263.

221. — Si le papier-monnaie vient à être déprécié, l'Etat lui rendra toute sa valeur en réduisant suffisamment la circulation.

222. — Cette réduction s'opèrera selon les circonstances, en vendant pour du papier-monnaie les immeubles de l'Etat ou les billets hypothécaires qu'il aura dans son portefeuille, en consolidant une partie du papier-monnaie en circulation par la création de rentes nouvelles, ou enfin en en rachetant au pair au moyen d'un appel de fonds fait à tous les possesseurs des immeubles qui lui servaient de garantie.

223. — Cet appel sera toujours considéré comme un emprunt et remboursé de préférence à toute autre dette, afin que le papier-monnaie reprenne, dans le plus bref délai possible, toute sa solidité primitive.

224. — L'Etat règlera provisoirement son émission de papier-monnaie sur la valeur totale des billets que la banque de France a mis en circulation, et le directeur du trésor en emploiera une forte partie à l'achat de rentes et de billets hypothécaires qu'il tiendra en réserve pour parer à toutes les éventualités.

225. — Quand l'administration de la banque de l'Etat croira devoir recourir à de nouvelles émissions, elle s'y fera autoriser par des lois qui fixeront toujours un maximum qu'elle ne pourra dépasser.

226. — Pour empêcher tout encombrement local et par suite une dépréciation temporaire, une certaine partie du papier-monnaie sera affectée d'une manière spéciale à chaque département.

227. — Ce papier-monnaie sera timbré du nom du département, et la signature du préfet en garantira l'authenticité (1).

(1) Ce serait un fort bon moyen de diminuer les inquiétudes que la facilité des contrefaçons inspire toujours sur la valeur des billets. En Angleterre, selon

228. — Il n'aura cours forcé que dans le département, mais il pourra toujours être échangé à toutes les sous-préfectures contre du papier-monnaie ayant cours dans toute la République, sans aucun frais et sans autre délai que le temps nécessaire pour en faire l'échange à Paris.

229. — L'administration de la banque de l'Etat tient à la disposition du ministre des finances tous les crédits qui lui ont été ouverts par les chambres.

230. — Elle fixe, tous les trimestres, le montant des prêts que chaque préfet pourra faire à l'industrie et à l'agriculture de son département.

231. — Ce crédit ne pourra être dépassé que moyennant des autorisations spéciales, accordées par l'administration de la banque sur la demande du ministre compétent.

232. — Le budget de la banque de l'Etat n'est point discuté par les chambres; le directeur doit seulement leur présenter tous les ans, avec le compte moral de ses opérations, un jugement de la cour des comptes, qui en déclare la parfaite régularité.

233. — L'administration de la banque publiera tous les mois son bilan dans le journal officiel; le contrôleur en certifiera l'exactitude sous sa responsabilité personnelle.

De la dette publique.

234. — La dette publique peut toujours être, au choix de l'Etat, amortie au taux de sa constitution ou rachetée au cours de la bourse.

235. — Toute rente doit avoir un fonds spécial d'amortissement, égal au centième de son capital.

M. Say, 5,000 faussaires auraient été exécutés dans un simple espace de 25 ans, et un bien plus grand nombre aurait été condamné à la déportation; *Traité d'économie politique*, t. II, p. 79.

236. — La suspension et la réduction du fonds d'amortissement sont une banqueroute.

237. — Dans tous les emprunts que l'Etat contractera par la suite, aucune prime ne sera accordée sur le capital : le bénéfice des prêteurs portera exclusivement sur le taux de l'intérêt.

238. — Quand les circonstances viendront à changer, l'intérêt sera réduit, et, si les créanciers refusent d'y consentir, le remboursement aura lieu au pair par séries tirées publiquement au sort.

Du budget.

239. — Le ministre des finances qui n'établit pas une balance réelle entre la recette et la dépense, est poursuivi comme coupable de concussion.

240. — Lorsque des circonstances extraordinaires ont dérangé l'équilibre des deux budgets, il ne met sa responsabilité à couvert qu'en obtenant un bill d'indemnité.

Caen. — Imp. de Pagny, rue Froide.

www.ingramcontent.com/pod-product-compliance
Ingram Content Group UK Ltd.
Pitfield, Milton Keynes, MK11 3LW, UK
UKHW020416220726
13923UKWH00004B/1975